LA

VÉRITÉ SUR CAYENNE.

LA VÉRITÉ SUR CAYENNE.

AVANTAGES D'UNE NOUVELLE COLONISATION A LA GUYANE FRANÇAISE,

Par M. Edmond MARCHAL,

Ancien Magistrat à Cayenne, Juge au tribunal civil de Metz.

« La Guyane française est de toutes nos colonies la plus vaste en étendue, la plus riche en éléments de prospérité agricole et commerciale, et cependant elle a toujours été l'une des plus pauvres et des moins commerçantes !

Quelles en sont les causes ? Nos fautes ; elles sont graves sans doute, mais une fois reconnues, et elles ne tardèrent pas à l'être, il était facile de les éviter on ne l'a pas fait, d'accord, mais on peut le faire. »

1843. LABORIA,

Capitaine d'artillerie de marine.

PARIS,
GARNIER frères, palais Royal, 215, et rue Richelieu, 10.
METZ,
M. ALCAN, rue de la Cathédrale, 1.

1852.

PRÉFACE.

Ayant habité pendant plusieurs années la Guyane française, celle de nos colonies la plus vaste, la plus pauvre peut-être, mais aussi la plus fertile en ressources territoriales, j'ai pensé qu'il serait opportun de livrer à la publicité les observations que j'ai été en mesure de recueillir sur le climat, les produits et les divers avantages que présente cette intéressante annexe de la mère patrie; j'essaierai aussi de faire connaître le caractère, les mœurs et les usages des différentes classes de population qu'elle renferme.

Cette œuvre, dont tout le mérite peut-être sera de présenter la vérité dans toute sa simplicité, pourra servir d'enseignement utile à ceux qui s'occupent d'économie sociale, de même qu'à ceux que les circonstances, une position précaire ou le goût des pérégrinations lointaines conduiraient vers ces rivages trop longtemps calomniés.

I.

TOPOGRAPHIE DE LA GUYANE FRANÇAISE.

La Guyane française est bornée au nord et nord-est par l'Océan atlantique, au nord-ouest et à l'ouest par la Guyane hollandaise dont elle est séparée par le fleuve du Maroni; d'immenses forêts vierges entremêlées de marais et de savanes noyées, s'étendent au sud-ouest et au sud; inexplorées jusqu'à ce jour, elles ont une étendue qui n'a pu encore être appréciée.

Enfin, la Guyane est bornée au sud-est

par la province du Para (Brésil), mais les limites du territoire français ne sont point encore, je crois, définitivement fixées sur ce point.

La traversée moyenne de France à Cayenne, par les navires à voiles, est de 28 à 35 jours, par la vapeur elle n'est que de 20 à 25 jours; ce qui annonce au navigateur l'approche de la terre vers les rives de la Guyane, c'est que, environ trente lieues au large, les eaux de la mer sont jaunâtres et bourbeuses, à cause du limon et de la vase qu'entraînent, dans leur cours, les nombreuses rivières qui sillonnent cette partie de l'Amérique méridionale, et notamment l'Orénoque et le fleuve des Amazones.

Rien ne saurait exprimer le sentiment de satisfaction qu'on éprouve, lorsqu'après une première et pénible traversée à travers l'Atlantique, si monotone depuis les îles Açores, l'on aperçoit enfin le cap d'Orange, sentinelle avancée derrière laquelle se déroule, verdoyant et argenté, le long rideau de palétuviers qui borde en serpentant les terres plates de la Guyane; puis bientôt, sur un monticule élevé, le fort Saint-Michel, et, en bas, la ville de Cayenne bâtie sur une plage riante et ombragée sur les rives de l'Océan, avec une rade ouverte mais tellement envahie par les attérissements vaseux, que les navires d'un tonnage un peu fort ne peuvent y entrer et sont forcés de se mettre au mouillage à trois ou quatre lieues de terre.

L'étendue du territoire habité peut être évaluée approximativement à 5,400,000 hectares de superficie dont 11,826 hectares seulement sont en valeur; la partie habitée se divise en 14 circonscriptions connues sous la dénomination de quartiers (*), séparés les uns des autres par des fleuves ou des rivières ayant tous leurs embouchures à la mer et prenant leurs sources

---

(*) Ce sont les quartiers de Cayenne, Ile de Cayenne, Tour de l'Ile, Roura, Tonnegrande, Mont-Sinéry, Macouria, Kourou, Sinnamary, Iracoubo, Mana, Kau, Approuague et Oyapock.

II.

MÉTÉOROLOGIE.

Le climat de la Guyane est soumis à des saisons sèches et pluvieuses ; le grand été commence ordinairement à Cayenne fin juillet et se termine en novembre ; la saison des fortes pluies dure ensuite deux mois, c'est-à-dire jusqu'en janvier, néanmoins ces pluies sont rarement continues comme dans le nord de la France ; elles tombent sous les tropiques d'une manière torrentielle, mais par intervalles, et, aussitôt après, le ciel reparaît d'un bleu pur et le soleil renait dans tout son éclat: pas de brumes, peu de brouillards, jamais de froid.

Les mois de février, mars et avril présentent un temps sec et agréable qu'on nomme le petit été; les pluies continuent ensuite jusqu'à la fin de juillet; cette saison des pluies se nomme Hivernage, la chaleur est alors plus lourde, parce qu'elle n'est pas autant amoindrie par les vents d'est.

Le thermomètre Réaumur varie de 19 à 28 degrés à l'ombre; dans la saison sèche, il ne dépasse pas 24; dans la saison des pluies et à l'intérieur des terres la température est de 3 ou 4 degrés au-dessous de celle des bords de la mer; cela tient à ce que le pays est très-bien boisé, montueux et renferme beaucoup de savanes noyées. Les habitants du pays de race blanche, et surtout les Européens, sortent rarement au milieu du jour sans se garantir du soleil sous un parapluie ou un vaste chapeau de paille; cette précaution est très-utile contre les insolations qui occasionnent souvent des fièvres pernicieuses et quelque fois mortelles lorsqu'elles ne sont pas traitées à temps.

Les matinées et les soirées sont d'une fraîcheur agréable ; l'on aime surtout à prolonger les promenades du soir sur la savane plantée d'élégants palmiers, lorsque le soleil a fait place à la douce clarté de la lune, si brillante sous les tropiques. Quel imposant spectacle n'offre-t-elle pas, lorsque se réflétant dans la nappe argentée de l'immense Océan, elle se promène majestueusement escortée de ces myriades d'étoiles scintillantes sur une autre mer d'azur! c'est alors que les poumons se dilatent et que l'on aspire avec délice cet air tiède et embaumé du parfum des orangers, des jasmins et autres arbustes odoriférants si nombreux à la Guyane.

On peut dire avec raison que le climat de la Guyane est plus tempéré que celui de l'Afrique, de l'Egypte et même de la Sicile.

Quelques faibles secousses de tremblement de terre s'y font parfois ressentir, mais à des intervalles très-éloignés, et ils ne paraissent être que la prolongation de violentes secousses qu'on éprouve dans l'Archipel des Antilles ; les ouragans et les coups de vent qui désolent la Martinique et la Guadeloupe sont inconnus à la Guyane où, d'ailleurs, les orages sont assez rares et presque toujours inoffensifs.

III.

GÉOLOGIE.

Les terres sont généralement marécageuses le long des côtes ; mais, dans l'intérieur, le sol est excellent et diversifié partout de riants coteaux, de vallées, de plaines et de savanes verdoyantes ; il se trouve engraissé par un détritus épais de matières végétales et animales qui, dans les terres non cultivées, s'accumulent depuis le commencement du monde.

Le sol est arrosé par une infinité de

criques ou ruisseaux qui se croisent en tous sens et vont rejoindre les fleuves qui sillonnent la Guyane (*), ce qui entretient une délicieuse fraîcheur qu'augmentent encore les rosées du matin.

Les pierres y sont excellentes pour bâtir et se taillent très-facilement; tendres au moment de leur extraction elles se durcissent bientôt à l'action de l'air; la plus commune, celle dont l'usage est le plus fréquent est une pierre d'un brun rougeâtre, parsemée de petites alvéoles, ce qui l'a fait dénommer pierre à Ravet du nom d'un intéressant petit scarabée dont nous aurons à nous occuper plus loin et qui prend quelquefois son gîte dans ces alvéoles; la pierre qu'on nomme grison est d'un blanc grisâtre, elle est compacte et dure, et se casse aisément quand on veut la travailler; aussi ne sert-elle que pour des ouvrages de grosse maçonnerie; on trouve aussi dans quelques

---

(*) Les fleuves portent presque tous les noms des quartiers qu'ils parcourent.

localités une autre pierre veinée susceptible d'être polie et taillée, il en est de plusieurs nuances.

Il n'existe aucune carrière de plâtre ni de marbre, et l'on se sert pour enduire les murs des maisons d'une terre blanche détrempée; la poterie des Indiens se fait avec une terre brune, très-fine, aussi belle que celle qu'on emploie en Angleterre; on s'en sert aussi pour façonner des pipes; les tuiles, les carreaux et la grosse poterie se font également avec une espèce d'argile mêlée de vase.

On trouve peu de coquillages de mer à la Guyane, mais on rencontre, dans l'intérieur, d'assez belles coquilles de terre.

Lorsqu'on pénètre jusqu'aux premiers sauts ou cataractes des rivières, on observe que la première couche de terre est noire et très-profonde, par suite du détritus dont nous avons parlé; la terre qui suit cette première couche est rougeâtre à une assez grande profondeur.

La côte, dans presque toute son étendue,

le long de la mer et sur une largeur de 16 ou 20 kilomètres, ainsi que les rives des principales rivières sont couvertes d'un terreau noirâtre de près d'un mètre d'épaisseur; ces terres appelées Terres-Basses, sont pour ainsi dire inépuisables, quand, sous le terreau et à peu de profondeur, se trouve une espèce de vase homogène, d'un gris bleu, c'est cette vase qui contient surtout les principes d'une heureuse végétation.

Les terres basses de deuxième qualité sont celles dont la vase recouverte par le terreau, est nuancée de diverses couleurs et comporte des mottes de tourbe dénuées de sel; elles exigent une culture plus soignée.

Les terres hautes qu'on ne fume pas sont considérées comme moins fertiles, parce qu'elles ne produisent presque plus après la troisième ou quatrième récolte; on les abandonne alors pour les laisser reposer; les bois repoussent et quand ils ont atteint une certaine hauteur, on défriche de nouveau ; cette méthode de culture ressemble bien un peu à celle des tribus sauvages, mais la routine a toujours prévalu sur les progrès de l'industrie agricole; on se contente encore, qui le croirait ! de cultiver en remuant superficiellement la terre avec la houe; des essais de labour à la charrue, ont plusieurs fois été tentés à la Guyane, mais presqu'aussitôt abandonnés, soit par suite de l'insouciance des propriétaires, soit que ceux-ci aient été découragés par l'opiniâtre tenacité de leurs esclaves dans la scrupuleuse observation des vieilles habitudes ; quelques fermes écoles seraient d'un grand secours aux Colonies, pour l'économie du temps et des bras.

Les terres basses qu'on ne fume pas plus que les terres hautes, produisent indéfiniment, sans jamais s'épuiser et sont, pour ainsi dire, les seules qui fournissent les denrées d'exportation.

Il existe enfin une troisième nature de terres, qui participent des terres hautes par leur composition, et des terres basses par leur déclivité ; ces terres noyées pour la plupart par les pluies de l'hivernage, ne produisent que des herbes pour la nourriture du bétail : telle est la nature de celles qu'on nomme Savanes noyées.

IV.

MINÉRALOGIE.

La Guyane française, touchant au Pérou, au Mexique et au Brésil, doit aussi comme ces diverses contrées, renfermer des mines de métal précieux.

Des Indiens ayant travaillé aux mines du Para, ont affirmé qu'il y avait de l'or dans les montagnes de l'intérieur de cette province contiguë à la Guyane.

Un sieur Patrice, médecin-botaniste, a trouvé des paillettes d'or et des calcédoines, en remontant la rivière d'Oyapock pour descendre le fleuve du Maroni et plusieurs voyageurs ont raconté que sur diverses montagnes de l'intérieur de la Guyane, la boussole était dans une agitation continuelle, ce qui révèle évidemment la présence de l'aimant ou des métaux.

Un ingénieur hollandais, M. Spandelwick, à tout récemment (*) adressé à son gouvernement un rapport sur une découverte qui vient d'être faite, d'une mine d'or, à l'extrémité sud de la province de Paramaribo (Guyane hollandaise); une commission a été immédiatement nommée pour examiner la réalité et l'importance de cette découverte qui mérite d'attirer l'attention de la France, puisque notre colonie est contiguë à cette contrée et qu'une identité parfaite, sous le rapport géologique et minéralogique, existe entre les deux pays.

Dans quelques rivières, on trouve des

(*) Voir le journal l'Estafette, du mardi 20 janvier 1852.

parcelles de zircon d'améthyste et de topaze, du tytiane ferrugineux et d'autres substances minérales, telles que le manocanite ; une mine de fer oxidé d'un brun rougeâtre, de 5 mètres de largeur environ, encaissé dans du chiste minacé, formant un filon considérable, est traversée par la rivière de Mana, découvrant 4 mètres de hauteur et d'une profondeur inconnue : direction nord-sud ; on trouve disséminé par dessus des grenailles de fer pisiformes, de même couleur, à couches concentriques.

Il y a aussi dans la rivière d'Oyack et dans celle de la Comté, des mines de fer à cassures cubiques ou rhomboïdales à couches concentriques de la grosseur d'un obus ; on trouve également des mines de manganès et des bans de kaolin.

Ce qui fait encore présumer qu'il existe à la Guyane des pierres et des métaux précieux, c'est que, dans un voyage d'exploration qu'il a fait sur les rives du fleuve des Amazones, en 1697, M. le marquis de Férolles a constaté qu'il existait des mines d'argent sur le haut des rivières d'Arabourg et d'Ouætoma, appartenant aux Portugais et limitrophes de la Guyane; il a rapporté en France 1,700 quintaux de minerai d'argent qu'il avait tiré d'une montagne distante de Cayenne d'environ 240 kilomètres; il en fit faire l'essai à Paris, et ce minerai rendit 40 p. 0/0.

En sortant de Cayenne pour aller à la côte de Montabo, on trouve, en plusieurs endroits, un sable noir qui semble indiquer une mine de fer: on a aussi trouvé, près de cette côte, un sable doré qui, après le lavage et passé au creuset, a donné des paillettes d'or à l'épreuve de l'eau-forte et de l'esprit de nitre.

La montagne d'Argent, à l'embouchure de la rivière d'Oyapock, tire son nom d'üne mine d'argent qu'on prétend y exister.

On trouve, dans une localité distante de Cayenne de 70 kilomètres et très-montagneuse, appelée Grande-Marée, trois espèces de minerai de fer répandues sur une longueur d'environ 12 kilomètres et d'autant de profondeur. Ces minerais participent de l'hématite. La première espèce, la plus commune, est le minerai d'alluvion, dont les grains irréguliers, coagulés et réunis par un gluten ferrugineux, forment comme une espèce de poudingue plus ou moins dure et où l'on observe souvent, très-distinctement, les rayons de l'hématite.

La seconde, est le minerai noir de fer, assez compact, lisse et presque spéculaire dans sa cassure; il est assez homogène, mais plus rare.

La troisième, qui est très-répandue, est mélangée parmi les argiles ocreuses; c'est un minerai globuleux où l'on observe quelquefois les stries divergentes de l'hématite; d'autres fois, il a ses fractures cellulaires et irrégulières.

Des fouilles opérées dans cette localité, ont prouvé qu'on trouvait de ce minerai à un mètre de profondeur, mais rarement au-delà; qu'ensuite, et plus au fond, ce minerai dégénérait en une terre jaune et rougeâtre chargée de chaux de fer, et dans laquelle il se rencontrait quelquefois des morceaux de minerai de fer plus ou moins considérables et d'une grosseur atteignant jusqu'à 30 centimètres cubes. On a creusé des puits dans différentes autres localités où apparaissait le minerai de fer, et on en a trouvé ayant une étendue assez considérable, et rendant de 50 à 80 p. 0/0.

On pourrait aisément tirer parti de ces richesses minérales et surtout des mines de fer qui paraissent les plus abondantes, en se contentant de réduire le minerai en fonte brute; rien ne serait plus facile que d'établir des hauts fourneaux sur les montagnes ferrugineuses : l'argile pour les construire, le minerai, le bois de chauffage, tout est là, sous la main et gratis; des pentes rapides, des ruisseaux débouchant dans les fleuves, donneraient toute facilité du transport des gueuses jusqu'aux navires. Mais, nous le répétons, la plus grande richesse de la Guyane consiste dans la culture du sol, dont la fertilité magique, procure au moindre travail, des récompenses prodigieuses.

Dans l'intérieur des terres, on trouve de ce beau cristal de roche qu'on voit également rouler sur la côte et au bord des rivières; on le nomme pierre de Cayenne. Ces pierres sont surtout assez communes dans la rivière de Sinnamary. Lorsqu'elles sont taillées, elles sont d'une très-belle eau et ressemblent à la topaze; il est probable qu'on pourrait trouver, en les recherchant de plus près, plusieurs autres espèces de métaux et de pierres précieuses.

V.

FERTILITÉ GÉNÉRALE.

Rien ne saurait peindre la richesse et la vigueur de la végétation à la Guyane. Depuis les bords de la mer jusqu'au sommet des plus hautes montagnes de l'intérieur, le sol abonde en productions de tout genre : les formes les plus développées et les plus élégantes, les couleurs les plus brillantes et les plus variées, les plantes les plus curieuses et les plus recherchées en médecine et en pharmacie, couvrent un sol toujours verdoyant et fleuri; à chaque pas, nouvelle surprise, nouvelle découverte! Combien de trésors enfouis dans ces vertes solitudes pour la botanique et pour la science! De quelle crainte religieuse, de quelle sainte extase, l'homme ne se trouve-t-il pas saisi lorsque, pénétrant dans les profondeurs de ces immenses forêts vierges inexplorées et inexplorables dont l'étendue est encore ignorée, il se trouve si faible, si impuissant, en présence de toutes les merveilles de la création dans toute leur pureté, dans leurs forces primitives! Combien l'on admire ces arbres gigantesques au feuillage large et épais, aux branches vagabondes chargées de lianes extravagantes! Quelles ressources le commerce, l'industrie, ne trouveraient-ils pas dans cette multitude d'essences variées, qui seraient si profitables aux constructions, à la marine, à l'ébénisterie!

En dehors de ces forêts merveilleuses quelle fécondité magique! La chaleur et l'humidité, jointes à une couche épaisse de débris de végétaux et de matières animales, y créent des prodiges d'abondance! Quantité de tubercules ou de plantes alimentaires et autres, y croissent à l'envie et presque sans culture ; quelques-unes d'entr'elles fournissent plusieurs récoltes par année. Le moindre travail procure au cultivateur, le centuple de ce qu'il confie à la terre.

Un seul homme, travaillant modérément, peut, avec facilité, y faire des vivres pour 20 personnes. Les produits d'exportation procurent à peu de frais des avantages considérables ; comme il n'y a jamais d'hiver, les arbres fruitiers, très-nombreux et très-variés à la Guyane, y sont toujours chargés de fleurs ou de fruits pendant toute l'année. Enfin, tout concourt à rendre cette contrée trop peu connue, l'une des plus douces et des plus avantageuses à habiter. Je ferai connaître plus loin les diverses productions du sol de la Guyane, tant sous le rapport de l'alimentation, que des produits d'exportation, ainsi qu'une partie de ceux qui restent inexploités.

quelques-unes
urs rendus par année.
au cultivateur, le
confie à la terre
travaillant modérément,

peut, avec facilité, y faire des vivres pour 20 personnes. Les produits d'exportation procurent à peu de frais des avantages considérables; comme il n'y a jamais d'hiver, les arbres fruitiers, très-nombreux et très-variés à la Guyane, y sont toujours chargés de fleurs ou de fruits pendant toute l'année. Enfin, tout concourt à rendre cette contrée trop peu connue, l'une des plus douces et des plus avantageuses à habiter. Je ferai connaître plus loin les diverses productions du sol de la Guyane, tant sous le rapport de l'alimentation, que des produits d'exportation; ainsi qu'une partie de ceux qui restent inexploités.

VI.

SALUBRITÉ.

Malgré la chaleur tropicale et la grande humidité qui règnent à la Guyane française, le climat y est sain et favorable à la santé; on n'y connaît pas ces nombreuses infirmités ou indispositions qui désolent la plupart des contrées d'Europe; on n'y voit peu de ces maladies qui font tant de ravages dans nos colonies des Antilles, telles que fièvres malignes, petite vérole, mal de Siam, fièvres jaunes, etc. Ce n'est qu'à l'époque où les eaux stagnantes s'évaporent par de longues sécheresses, qu'il se manifeste quelques fièvres intermittentes; autrefois, alors que Cayenne et ses environs contenaient beaucoup de terrains marécageux, l'air y était beaucoup moins salubre; mais, depuis que par des travaux de dessèchement on a fait disparaître la source des émanations délétères, l'atmosphère est, dans la ville et aux alentours, plus saine que dans plusieurs de nos départements de France.

On a établi, par des tables officielles de mortalité, que les décès étaient en moyenne de 1 sur 28 à la Guyane française, et que cette moyenne était à Paris de 1 sur 31, ce qui ne constitue qu'une très-faible différence. Les maladies les plus fréquentes à Cayenne sont les fièvres tierces ou intermittentes, surtout dans les localités humides.

L'Européen, à la moindre fatigue, est soumis à de fréquentes et abondantes transpirations; c'est alors qu'il est indispensable de se prémunir avec soin contre les refroidissements, l'usage de la flanelle ou tout au moins des chemises en coton est une précaution des plus salutaires; la dyssenterie, les coliques végétales, sont aussi à redouter; l'abus des fruits, des boissons spiritueuses occasionne ces funestes maladies que l'on guérit difficilement sous les Tropiques; les insolations, c'est-à-dire les coups de soleil engendrent également des fièvres pernicieuses ou cérébrales, souvent mortelles lorsqu'elles ne sont pas prises à temps ou lorsqu'elles sont mal soignées; pour les éviter, les Européens nouvellement débarqués, ne sortent pas au milieu du jour ou se garantissent des rayons du soleil au moyen de grands parasols ou de vastes chapeaux de paille; enfin, la nostalgie fait également quelques victimes, et pour la combattre, un travail modéré et quelques distractions sont nécessaires.

Les fréquentes alternatives de chaleur sèche et d'humidité, les abondantes transpirations débilitent le tempérament et appauvrissent le sang; aussi voit-on les visages frais et rosés des nouveaux débarqués, atteints au bout de quelques mois d'une pâleur matte, sans que pour cela leur santé soit sérieusement altérée; cependant il est salutaire à l'Européen, après un séjour de quelques années à la Guyane, de revenir se retremper pendant quelques mois au climat tempéré et bienfaisant du pays natal.

Le climat de la Guyane n'a été tant décrié que par la grande mortalité survenue à la suite des expéditions malheureuses, et des essais de colonisation imprudemment entrepris et follement dirigés par des hommes dont l'incurie, l'égoïsme ou l'inexpérience, ne pouvaient entraîner que les maladies et la mort; on a attribué au climat ce qui n'était que le triste résultat du désordre et de l'imprévoyance.

C'est ainsi qu'en 1763, sous le ministère de M. le Duc de Choiseul, qui obtint avec M. le Duc de Praslin, la concession avec privilège de la nouvelle colonie à former sur les bords de la rivière de Kourou à la

Guyane française, treize mille individus, assemblage hétérogène d'hommes et de femmes, ramassés sans choix, sans discernement dans tous les rangs de la société, la plupart sans profession, gentilshommes, bourgeois, laquais, employés civils ou militaires, adonnés à une existence oisive, licencieuse et corrompue (*), furent jetés sans préparation aucune, sans mesures pour assurer d'une manière convenable les moyens d'existence, sur la plage de Kourou, alors la plus déserte, la plus sauvage de toute la Guyane; ils y périrent bientôt de faim, de misère et de maladies qui devaient atteindre des hommes dénués de tout, sans abri, entassés pêle-mêle dans de misérables carbets exposés à toutes les intempéries des saisons.

On n'avait préparé aucun logement, les

(*) On voyait même figurer parmi les nouveaux colons, une troupe de musiciens, de comédiens et les directrices de deux maisons de prostitution.

vivres et approvisionnements exposés en plein air ou mal emmagasinés, ne tardèrent pas à se détériorer et à se corrompre; une gravure enluminée a été faite, représentant le camp de Kourou, tracé par Simon Mentelle et où devait être bâtie la ville; on y voyait deux Dames en grande toilette et des Messieurs en habit, l'épée au côté, qui se promenaient sur le rivage comme aux Tuileries.

Il a été établi que, pendant les premiers mois de leur installation, les nouveaux colons furent principalement occupés à des simulacres de banquets, à des noces, à un semblant de comédie; puis, les inimitiés personnelles, les calomnies, les scandales publics remplissaient les funestes loisirs des colons; on oubliait que les mœurs simples, les habitudes laborieuses sont les seuls éléments qui puissent préparer le succès d'un établissement colonial; presque tous ces malheureux, séduits par des prospectus mensongers et qui avaient cru trouver dans cette terre lointaine, l'or et les plaisirs sans travail et sans conduite, n'y trouvèrent que la mort.

On tenta de nouveau à la Guyane, en 1768, un autre essai de colonisation mais sur une moindre échelle. On choisit cette fois des hommes robustes, accoutumés à la fatigue, déjà acclimatés par un séjour de quelques années à Cayenne, et pris parmi les anciens soldats de la garnison. Soixante-dix furent installés aux frais de l'État sur la rive droite de la rivière de Tonnegrande; les vivres, les instruments aratoires et autres, les officiers de santé, des médicaments, une boulangerie, furent mis à leur disposition. Cette entreprise, dirigée par le Baron de Besner, alors Gouverneur de la colonie, échoua néanmoins et cela par le défaut d'hygiène et de nourriture convenable, par l'abus des liqueurs fortes, le peu de réglementation du travail, par le manque d'harmonie et de prévoyance dans les mesures nécessaires au défrichement de cette localité, qui exigeait d'ailleurs des travaux et présentait des difficultés au-dessus des forces du petit nombre d'hommes qu'on y avait employés.

Parlerons-nous maintenant des suites déplorables de la déportation du 18 fructidor an V, qui firent de la Guyane aux yeux de l'Europe, une terre réprouvée, un lieu d'horreur, par cela même que quelques malheureux, l'esprit aigri par les mauvais procédés auxquels ils furent en but, par les fatigues et les souffrances physiques et morales d'une longue et pénible traversée, par le dénuement, les privations et les maladies d'un exil devenu pour eux une torture, ont dans leur juste indignation contre les hommes et les choses, compris dans le même anathème le climat et les ressources d'une contrée dont ils ne pouvaient connaître que les inconvénients et les dangers; et cependant il faut le reconnaître, le nombre des déportés qui se sont plaint de l'insalubrité du pays est très-restreint, Ramel, J.-J. Aimé et le général Freytag, furent les seuls qui écrivirent dans ce sens; les autres, et notamment De la Rue et

Barbé De Marbois, ont parlé avec modération, souvent même avec éloge, du climat de la Guyane (*).

En 1797, seize déportés du 18 fructidor furent débarqués à la Guyane; l'année suivante 500 autres environ y arrivèrent successivement. La plupart, élevés dans une position aisée, habitués aux douceurs d'une existence consacrée à des fonctions publiques ou à des professions libérales plutôt qu'à l'exercice de travaux manuels, étaient arrachés subitement à ce genre de vie dans un âge où les forces commencent à décroître, jetés sur une terre déserte au milieu d'une nature sauvage, sans moyens de subsistance, sans ressources, ils manquaient même

---

(*) Il ne faut pas attribuer toutes les maladies qui règnent actuellement aux intempéries du climat; les habitants (c'est-à-dire les déportés), se rappelent leurs anciennes jouissances et une aisance dont il ne reste plus de trace. Le chagrin de leurs pertes, des dangers toujours menaçants, voilà des causes trop naturelles de la fréquence des maladies à la Guyane.

Barbé-Marbois. (T. 1er. P. 159.)

d'outils, d'instruments aratoires, d'ustensiles de pêche ou de chasse; aux prises avec la végétation rude, vigoureuse des tropiques, forcés de lui arracher une partie de leur nourriture, de pourvoir eux-mêmes à tous leurs besoins, de se transformer en bûcherons, charpentiers, laboureurs, eux si étrangers aux fatigues d'un travail corporel, combien ne durent-ils pas souffrir! Sans guides, sans soutiens au milieu d'un pays primitif, inhabité; entassés, pour ainsi dire, pêle-mêle dans des cabanes informes, impuissantes à les abriter contre les intempéries de l'air, les chaleurs du jour, les fraîcheurs des nuits si humides à la Guyane, à les préserver contre les insectes et les reptiles; enfin, n'ayant pas la quantité nécessaire de vivres grossiers, souvent malsains, et toujours répugnants pour des hommes habitués à une nourriture convenable, on comprendra facilement qu'ils durent être atteints, pour la plupart, de maladies, d'infirmités et de souffrances morales bien capables de leur faire prendre en haine le pays où ils étaient relégués ; et il n'est aucun besoin d'attribuer à l'influence du climat, les mortalités nombreuses qui enlevèrent un grand nombre de ces malheureux privés d'ailleurs de médecins et de médicaments nécessaires ; on doit s'étonner, au contraire, que bon nombre d'entre eux ait pu résister à une destinée aussi misérable.

L'acclimatement à la Guyane est facile, pour peu que l'on use de quelques précautions hygiéniques pendant la première année. Une nourriture saine et fortifiante, prise avec modération et soutenue, un peu de bon vin, une grande réserve pour les spiritueux, les fruits et les plaisirs sexuels, un travail corporel modéré, un abri contre les rayons du soleil dans sa force et contre la fraîcheur des nuits, quelques distractions d'esprit et une grande propreté, tel est le régime, qui assurera presque toujours à l'Européen, une santé satisfaisante à la Guyane.

Nous avons dit que la fièvre jaune, ce

fléau de nos possessions des Antilles, était pour ainsi dire inconnue à la Guyane, et cependant elle a fait invasion dans cette colonie dans les derniers mois de 1850 : mais, hâtons-nous de le dire, depuis 1802, époque où elle y avait été introduite par un navire étranger, elle n'avait point reparu. Ce n'a donc été qu'une apparition exceptionnelle et de peu de durée, comme celle du choléra en France. D'un autre côté, cette épidémie qui, originairement était presque toujours mortelle et sévissait avec la plus grande rigueur, a perdu maintenant beaucoup de son intensité; la médecine, après l'avoir étudiée dans son caractère, sa marche et ses progrès, est parvenue à en triompher dans la plupart des cas.

Un certain nombre d'Européens attirés par l'appât du commerce et d'une existence facile, se sont fixés à la Guyane : ils y vivent heureux, et si parfois, ils reviennent se retremper au pays natal, ils ne tardent pas à regretter le climat des Tropiques, son beau ciel, et retournent avec plaisir goûter la vie douce et facile qu'il est bien rare de trouver en France.

De nombreux exemples de longevité se font remarquer à la Guyane : on y trouve plusieurs octogénaires, même parmi les habitants d'origine européenne. En 1824, on y voyait encore une femme qui avait atteint l'âge de 110 ans et qui, depuis longtemps, habitait la colonie. On pourrait à cet exemple en ajouter beaucoup d'autres : celui par exemple de ce vieux soldat, Jacques Blaisonneau qui, après avoir servi 30 ans, se réfugia dans un quartier de la Guyane (l'Oyapock), s'y construisit une chaumière au milieu d'une petite île, n'ayant pour toute ressource que son travail et celui d'une vieille négresse qui le servait, y vécut encore 50 ans, conserva jusqu'au dernier jour ses facultés physiques, et mourut à l'âge de 112 ans sans autre infirmité que la perte de la vue.

VII.

DESCRIPTION DE LA VILLE DE CAYENNE.

Située à 4 degrés 56 minutes 24 sec. de latitude nord et à 54 degrés 38 min. 45 sec. de longitude occid., Cayenne présente l'aspect d'un charmant oasis où une nombreuse caravane de voyageurs se serait arrêtée pour y établir un campement.

Dans la portion de la ville appelée Ville-Neuve ou Savane, les rues sans pavés représentent les allées tracées d'un parc; de chaque côté croît une herbe épaisse où les moutons, les chèvres, les chevaux et les ânes paissent tranquillement pendant que toute espèce de volaille, ainsi que les couroumous (vautours), y cherchent aussi leur pâture.

Pendant la saison sèche ces rues sont couvertes d'une poussière rouge qui, par la reverbération du soleil, fatigue la vue; dans la saison pluvieuse elles sont rendues presque impraticables, par la quantité d'eau et de boue qui les recouvre.

Les maisons, toutes en bois et d'une construction bizarre, sont généralement à un seul étage; l'air y arrive partout à travers de vastes galeries et des fenêtres à jalousies, sans vitrage. A l'intérieur de celles qu'habite la classe peu aisée, règne la plus grande simplicité; les pièces ont leurs murs blanchis à la chaux; là, peu ou point de meubles, un lit, quelques chaises, une armoire, une table, un hamac, voilà de quoi se compose tout le mobilier.

Chez les fonctionnaires et les personnes notables, on trouve un peu plus de confortable, mais de luxe nulle part.

On ne rencontre que très-peu d'appartements ou de logements garnis; ils n'y sont presque pas plus cher qu'en France, mais les quelques meubles dont on a besoin étant fabriqués en bois de couleur massif, ils y sont très-couteux ; ceux que l'on fait venir d'Europe étant pour la plupart en bois blanc et plaqués, ne durent pas longtemps, ils sont détruits assez vite par le travail incessant d'un petit insecte rongeur qui se multiplie à l'infini et se nomme poux de bois ; cet insecte est aussi très-friand de linge et de papier ; il faut la surveillance la plus grande, la plus constante, pour prévenir ou réprimer ses invasions.

D'autres insectes viennent mettre à l'épreuve la sensibilité de l'épiderme : ce sont les maringouins et moustics ; mais après quelques mois de séjour, quand la fraîcheur du sang européen a fait place à la pâleur coloniale, ils vous délaissent et volent à d'autres conquêtes ; on s'en préserve la nuit au moyen de mousticaires, sorte de rideaux en gaze appendus au-dessus du lit et l'enveloppant jusqu'à terre ; ils sont indispensables, surtout aux nouveaux arrivés ; il ne faut point non plus laisser sur une table ou dans un buffet, des aliments quelconques ; de nombreux petits scarabées, nommés ravets ou caucrelats, ainsi qu'une multitude de fourmis folles, s'en emparent et les maculent ; la meilleure précaution est de suspendre par une ficelle, au plafond, ce que l'on veut conserver, ou de placer les pieds des tables dans des godets remplis d'huile de Carapa ; le ravet est de la forme et de la grosseur du hanneton, mais plat et beaucoup plus large, il répand sur tout ce qu'il touche, une matière visqueuse et une odeur détestable.

Il ne faut point mettre sa chaussure et son habillement, sans examen préalable, car les mille-pieds et les petits scorpions domestiques font souvent comprendre, par leurs cuisantes morsures, que l'on a eu tort de les déranger de l'asile provisoire où ils espéraient le repos.

Il est bon de se tenir les pieds dans la

plus grande propreté et d'en faire la visite tous les matins, sans cela un autre insecte appelé chique, s'introduit entre cuir et chair, y dépose ses petits et bientôt mère et enfants s'engraissent à vos dépens; il n'est guère prudent non plus, de se promener sur l'herbe, car, au retour, les jambes sont en proie aux piqûres d'une infinité d'animalcules qui sont les poux d'agouti; on ne s'en débarrasse qu'en se frottant les parties attaquées avec du citron ou du tafia.

Derrière les maisons, qui presque toutes ont une cour et une sorte de jardin, croissent à l'envi et pour ainsi-dire pêle-mêle, le citronnier, l'oranger, le goyavier, le manguier, le banannier et quantité d'autres arbres ou arbustes des tropiques, d'une végétation épaisse et vigoureuse que dominent çà et là quelques gracieux palmiers au panache élégant; de nombreux cocotiers, des touffes de verdure couvrent d'un voile riant les dépendances encombrées de baraques en bois destinées à la cuisine, à la volaille ou au menu bétail, mais c'est en vain qu'on y cherche certains lieux d'une nécessité journalière. Ces aisances seraient dit-on trop insalubres, à cause de la grande chaleur ; on y supplée par de grands vases en terre placés dans quelque recoin de la maison et que chaque matin, un négrillon porte sur sa tête jusqu'au bord de la mer.

Les édifices ou bâtiments publics n'ont rien de remarquable, tout y est simple et sans art; l'hôtel du Gouvernement est une résidence agréable, construite à l'extrémité d'une savane, plantée d'une belle avenue de palmistes, sur une place en quinconce, qui sert de promenade publique; les casernes d'infanterie et de gendarmerie, ainsi que l'hôpital, sont d'une heureuse construction; l'église, la mairie, le palais de justice et le collége, laissent beaucoup à désirer.

J'ai parlé de l'hôpital, je dois ici un juste tribut d'éloges à cette bienfaisante institution; non-seulement les militaires mais encore les fonctionnaires et employés civils, de tout ordre et de tout grade, ainsi que toutes les personnes qui veulent s'y faire traiter à leurs frais, y reçoivent des soins qu'ils trouveraient difficilement ailleurs aussi attentifs, aussi complets.

L'administration de la marine ne néglige rien, tout y est sagement et confortablement organisé; la mission des médecins y est remplie avec zèle et ponctualité. On conserve surtout un vif sentiment de reconnaissance pour les sœurs de l'ordre de Saint-Paul, affectées au service de cet établissement et qui, par leurs soins empressés et pour ainsi dire maternels, sont d'un si utile concours à la guérison ou au soulagement des malades; anges de douceur et de bonté, rien n'égale le dévouement et la sublime abnégation avec laquelle elles surmontent les fatigues et les répugnances de leur pénible profession; plus d'une fois elles ont sacrifié leur santé et leur vie à sauver celles de leurs semblables.

VIII.

POPULATION, MŒURS, CARACTÈRE, USAGES DES DIFFÉRENTES CLASSES.

Le total général de la population à la Guyane française, était d'environ 21,180 âmes au 1er janvier 1844, dont 7,000 individus de condition libre, et 14,180 esclaves. Dans ce chiffre n'étaient pas compris les lépreux placés sur l'établissement de l'Acarouany, et dont nous aurons occasion de reparler. Nous pensons que, depuis cette époque, la population qui ne renferme plus d'esclaves, doit plutôt diminuer qu'augmenter.

Rien n'excite plus la surprise de l'Européen qui arrive aux colonies que la vue de ces figures de teintes si variées, l'aspect de ces costumes de formes si étranges et si disparates.

Là, passent sous vos yeux : l'Africain d'un noir d'ébène, le Nègre indigène à la peau rougeâtre et luisante, le Capre au teint cuivré, le Mulâtre et le Métis d'un jaune qui varie à l'infini, suivant le mélange des castes.

Les Créoles, ainsi que les Européens, après un séjour de quelques années à la Guyane, ont ordinairement le visage d'une pâleur matte et presque maladive.

Les mœurs et le caractère de chacune des classes de population diffèrent entr'eux presqu'autant que la couleur, et d'abord une remarque constante à faire, c'est qu'aucune des trois castes ne s'ympatise avec les autres ; rarement on verra un Mulâtre fréquenter un Nègre ou un Capre, et réciproquement.

Quant à la classe blanche, chacun connaît le préjugé profond, irrésistible qui repousse toute relation sociale entre la classe créole et celle des personnes de couleur; ce préjugé de caste domine tellement les esprits, même les plus éclairés, qu'il semble être inhérent à la nature; c'est comme une répulsion native que l'éducation même nourrit et augmente, qui trouverait peut-être son explication naturelle et logique, s'il ne s'attachait qu'à ceux dont la condition inférieure, le manque d'éducation ou les vices séparent naturellement comme dans toutes les autres parties du globe, des personnes que distinguent la position sociale, l'éducation, la moralité; mais ce préjugé ne raisonne pas, et la même répulsion existe de la part des créoles, même les moins civilisés, les plus pauvres, quelquefois les moins recommandables, contre des hommes de couleur qui se font remarquer par l'instruction, la conduite, le talent, et qui parfois même sont placés par la confiance du Gouvernement ou de leurs concitoyens au premier rang de l'échelle sociale.

Ce qui a donné aux Colons cette idée de supériorité qu'ils affectent quelquefois, même vis-à-vis des Européens, c'est l'habitude du commandement et de la domination sur d'autres hommes ; l'homme de couleur ne sera jamais à leurs yeux qu'un être dégradé par son origine, l'esclavage!

Voilà la cause de ce regrettable préjugé qui ne conserve aucune limite, n'admet aucune exception, qui fait rejaillir sur toute une postérité le malheur d'une naissance infime; malgré tous les efforts de la civilisation et le progrès des lumières, malgré l'exemple de quelques rares et courageuses fréquentations, cette répulsion subsistera peut-être longtemps encore avant qu'elle soit complètement effacée.

Ce préjugé, nous devons le dire, gagne les Européens presqu'aussitôt leur arrivée à la colonie; il est vrai de dire qu'ils ne le poussent pas aussi loin, et que, s'ils ne recherchent pas l'intimité des hommes de couleur et l'évitent même quelquefois, c'est pour ne pas s'aliéner la société créole, généralement mieux élevée et plus sympathique

Les relations sociales de la classe blanche Créole avec les Européens sont froides et réservées ; le caractère des Colons manque peut-être un peu de cette confiance, de cette affabilité pleine d'abandon qui caractérise en général les Européens ; mais, à part ce sentiment quelque peu exagéré de leur dignité et de leur valeur personnelle, et cette absence d'expansion, les Créoles sont en général gais, spirituels, d'une imagination vive, d'un caractère bouillant jusqu'à la témérité, plein de dévouement et de générosité pour leurs amis, implacables pour leurs ennemis tant qu'ils n'ent ont pas triomphé ; l'indolence et une certaine paresse native, viennent malheureusement trop souvent empêcher que ces nobles qualités soient rehaussées par une instruction solide, le goût des arts et des sciences.

Quant au caractère des différentes castes de couleur, leur infériorité relative de position ou de fortune, se révèle dans tout leur être, dans leurs actes, dans leurs paroles ; ils sont en général peu instruits, superstitieux, souples envers ceux que la supériorité de la peau, de la position, ou de la fortune, placent au-dessus d'eux, fiers envers ceux qui, sous ces deux rapports, leurs sont inférieurs; ainsi le Mulâtre dédaignera le Nègre parce qu'il est plus rapproché du blanc que ce dernier, qui, au contraire, s'il est libre de naissance surtout, se croit au-dessus du Mulâtre qu'il regarde comme étant une race dégénérée par le mélange, tandis que son sang à lui est pur comme étant d'une origine primitive et *sui generis*.

La plupart vaniteux, indolents, les hommes de couleur accordent tout aux plaisirs , aux futilités, prenant peu de soucis des choses sérieuses, de l'éducation et de l'instruction de leurs enfants, qui, dans la basse classe, vivent pour la plupart dans des habitudes d'insouciance, de paresse et de libertinage, ne faisant, du reste, que suivre en cela l'exemple de leurs parents, qui affectent un dédain très-prononcé pour les professions manuelles, et en général pour l'industrie ou un travail quelconque, celui de la terre surtout, qui leur a toujours paru n'être que l'attribut de l'esclavage; ainsi avant l'affranchissement, il était excessivement difficile de trouver parmi les hommes libres ou les affranchis, un ouvrier, un cultivateur, un jardinier, un manœuvre.

Nous devons reconnaître que cette opinion sur la classe de couleur admet de nombreuses exceptions, car elle fournit un certain nombre d'hommes qui se recommandent par une instruction solide ainsi que par les qualités du cœur et de l'esprit.

L'industrie, les états professionnels sont pour ainsi dire inconnus à la Guyane française; le petit commerce y supplée en faisant venir de France toute espèce de marchandises confectionnées, d'objets de ménage, d'habillement et d'alimentation; de vastes magasins semblables à des bazars renferment, pour ainsi dire pêle-mêle, les choses les plus disparates. C'est ainsi qu'on y trouve des objets de lingerie et de mode à côté de la morue, de la viande salée, des jambons, des chemises de laine, du beurre, de la poterie, des liqueurs, de la bijouterie, des conserves alimentaires, etc., etc.

Nous avons dit que l'indolence, la paresse, étaient le défaut dominant des diverses classes de population qui vivent sous les Tropiques; il faut reconnaître aussi, qu'outre le climat qui dispense pour ainsi dire des vêtements et du chauffage, les besoins de la vie s'y font à peine sentir; ainsi, le Nègre se gare des intempéries de l'air sous une case en lattage couverte de feuilles de palmistes ou de bananniers. Cette case, souvent délabrée, accessible aux vents ou à la pluie ne comporte, pour la plupart du temps, qu'une seule pièce ayant la terre pour plancher et le chaume pour plafond; elle sert en même temps de cuisine, de salle à manger et de chambre à coucher; il est vrai de dire que les meubles ne sont pas embarrassants; une natte, quelques planches avec un peu de paille ou un hamac, voilà les lits où couchent pêle-mêle, sans distinction d'âge ni de sexe, tous les membres d'une famille; un pot de terre appelé canari, relégué dans un coin, voilà toute la cuisine; un escabeau, un banc ou deux chaises presque toujours dépaillées et boîteuses, une table en bois clochetant, quelquefois un mauvais bahut en forme d'armoire, voilà, avec la moitié d'une calebasse appelée couï servant en même temps d'assiette et de verre, tout le mobilier de cette case.

Quant aux vêtements, ils varient suivant la position pécuniaire de chacun; quelques chemises de percale de couleur, un ou deux pantalons de toile, une chemise de laine, un vieux chapeau de paille ou un bonnet de coton, voilà le costume des hommes. Un ample morceau d'indienne appelé camisa dont les femmes s'entourent la taille pardessus la chemise, dessine énergiquement les contours du corps et n'offre qu'une bien faible garantie contre les regards indiscrets; une sorte de pélerine en indienne couvre le buste de celles qui prennent souci de se couvrir les seins que beaucoup de vieilles et de jeunes négresses laissent à découvert à la campagne; pour coiffure elles portent un madras, élégamment posé, qui cache leurs cheveux aussi crépus et aussi courts que ceux des hommes. Il va sans dire que hommes et femmes marchent nu-pieds et que les vêtements laissent en général apercevoir en plus d'un endroit diverses solutions de continuité auxquelles on se soucie très-peu de remédier; mais le dimanche et les jours de fête, la chemise de laine cède la place à la veste en coutil, le gilet et la cravatte de couleur lui prètent leur concours; le pantalon de couleur claire et le chapeau de feutre (montrant toujours les traces de nombreux accidents), viennent compléter l'accoutrement. La jupe et la chemise plissées remplacent, chez les femmes de la classe aisée, le camisa, le madras plus riche, laisse voir toutes ses couleurs, les pendants d'oreille, les colliers, les bracelets en or massif, en corail, en jaïs ou en ouabé, achèvent la transformation.

Les toilettes des dames de couleur de la bonne société se diversifient depuis l'élégance et la fashion parisiennes jusqu'au plus simple accoutrement. Tous ces objets d'habillement, à l'exception du drap et de la soie qui se rencontrent rarement, se composent de coutil ou d'étoffes légères aux couleurs vives et variées. Le calicot et la percale remplacent la toile pour le linge de corps comme avantageuses contre les intranspirations.

Les vêtements se vendent ordinairement tout confectionnés ; les professions de tailleurs ou de couturières étant très-peu répandues, l'usage est de conserver ses hardes jusqu'à la dernière extrémité. Néanmoins, dans la classe aisée de couleur, lorsqu'il s'agit de quelques fête ou réunions publiques, chacun affecte une élégance d'un goût quelque peu excentrique et dont quelquefois celui qui en est chargé est fort embarrassé.

Quant aux personnes de la classe blanche,

elles suivent fidèlement la mode et le goût parisiens. Les jeunes filles et les jeunes gens font généralement confectionner leurs vêtements à Paris; les mamans et les papas restent bien un peu en arrière, surtout dans leur intérieur, car alors le rochambeau (*) et la gaule (**), rivalisent avec avantage contre l'habit ou la robe corsée.

En résumé, on peut affirmer que le vêtement, dès-lors que le laisser-aller colonial permet tant de variations et que le climat montre si peu d'exigences, entraîne très-peu de dépenses; autrefois même, pendant l'esclavage, on voyait fréquemment dans quelques pauvres habitations écartées, la feuille de vigne, sous forme d'un morceau d'étoffe appelé calimbé, large comme la main, couvrir ce qu'Adam et Eve ne croyaient pas devoir cacher; les négrillons et négrites au-dessous de six ans, restent encore entièrement nus.

(*) Veste ronde en coutil ou étoffe légère.

(**) Vaste peignoir sans corsage.

IX.

NOURRITURE.

L'alimentation diffère également suivant les castes et conditions des habitants de la Guyane française ; autrefois, l'esclave entretenu par les soins d'un maître, recevait pour toute nourriture une ration de 125 grammes de morue sèche ou de viande salée, et environ 625 grammes de couac (farine de manioc), puis il avait une concession de terrain autour de sa case où il plantait des légumes tels que des ignames, patates, choux caraïbes, maïs, manioc, ainsi que des arbres fruitiers et notamment les banannniers; à ces ressources il ajoutait quelques volailles et quelquefois même de petits porcs dont l'espèce diffère de celle de France par la forme et la couleur; il pouvait en outre, à ses moments de repos, se livrer à la pêche ou à la chasse, très fructueuses à la Guyane.

Depuis l'affranchissement, nous doutons que le nègre ait beaucoup modifié son genre de nourriture et cela, par habitude, par goût, plus encore que par nécessité, car on se tromperait fort de croire qu'à cette alimentation, le noir préfére les viandes délicates et la cuisine raffinée de France; Brillat-Savarin perdrait évidemment son temps à vouloir lui faire apprécier son talent culinaire; les négresses, de leur côté seraient très-peu empressées à devenir des Cordons-bleus.

Le Nègre ne mange pas de pain; outre que celui-ci est très-cher, puisqu'il coûte 40 ou 45 centimes le demi-kilog, le Nègre lui préfère la casave, sorte de galette sèche, faite avec de la farine de manioc; pour boisson, il prend de l'eau fraîche; cette nourriture simple et uniforme lui conserve les dents blanches et un bon appétit; mais malheureusement il y ajoute trop souvent une boisson moins inoffensive, c'est le tafia, liqueur spiritueuse, s'élevant au moins à 22 degrès, et dont l'abus entraîne à de très-fâcheux résultats, sous un climat où la sobriété et la tempérance sont pour tout le monde les premières conditions de santé.

La classe aisée se nourrit un peu mieux; mais à l'exception des fonctionnaires, des Européens et de quelques Créoles qui habitent la ville, la cuisine de France trouve peu d'adeptes; l'ordinaire se compose de la pimentade, plat de fondation qui se rencontre sur toutes les tables; c'est du poisson cuit au court-bouillon, fortement saturé de piment. Nous recommandons aux personnes dont le palais est à l'épreuve de la pierre infernale, ce condiment de la grosseur et de la forme du fruit appelé en

France, cornouille, et qui peut rivaliser avantageusement avec tous les caustiques connus ; outre la pimentade, la bananne cuite sous la cendre, le riz, les choux caraïbes, les patates, les ignames, le fruit de l'arbre à pain, les pois sept-ans et les pois vingt mille francs, le choux palmiste, le choux maripas, les gombos, les melongènes (*) et les fruits, voilà de quoi se compose le plus ordinairement la cuisine créole.

Les Européens s'efforcent de conserver la cuisine de France, et, tout en adoptant ce que la nourriture créole peut offrir d'avantageux à leur goût, ils restent pour la plupart, fidèles au potage et au bouilli, quoique ce dernier mets soit en général coûteux, très-médiocre et passablement coriace. Néanmoins la volaille, le gibier, ainsi que les variétés de poissons de mer et d'eau douce, y suppléent avec avantage; la pomme de terre, qu'on fait re-

---

(*) Aubergines qui parviennent à une grosseur remarquable.

venir de France, toute gâtée qu'elle soit, les légumes secs et les conserves alimentaires, soutiennent aussi leur vieille réputation contre les légumes du pays, qui cependant ont aussi leur mérite.

La cassave, dont les créoles sont si fanatiques, est peu appréciée par les Européens, ils lui préfèrent le pain fait avec la farine de France, quoiqu'il soit très-cher ainsi que nous l'avons dit.

L'eau que l'on boit à Cayenne, est l'eau de pluie qui se recueille dans des jarres et que l'on fait ensuite filtrer. Le vin est généralement expédié de Bordeaux, car, pas plus que le blé, la vigne ne croît à la Guyane; le plus ordinaire est le Saint-Julien ou le Saint-Estèphe, dont le prix varie suivant la qualité, depuis 90 fr. jusqu'à 180 fr. la barrique, ce qui porte à 75 centimes la moyenne du litre de bon vin, qui coûterait dans nos départements de l'est 3 et 4 fr. Le vin du midi ou de Provence, ne revient à Cayenne qu'à 40 ou 50 centimes le litre, mais il est plus épais et moins bon. Au lieu de placer les fûts de vin en cave, comme on le fait en France, on commence par le mettre en dames-jeannes, puis on le dépose au grenier, sous la tuile, où la chaleur vient le mûrir en quelques mois et lui donne la qualité de celui qui aurait plusieurs années de cave à Bordeaux.

On tire la bierre du Hâvre ou de Nantes, où elle est fabriquée exprès pour l'exportation: elle coûte à Cayenne, 12 fr. le panier ou 1 fr. la bouteille; les liqueurs, sont également expédiées de France; quelques navires apportent des vins de Madère et de Ténérif, qui, lorsqu'ils proviennent de source certaine, sont très-appréciés.

Les fruits de la Guyane sont en général peu agréables au palais des nouveaux débarqués, il est difficile d'en décrire la forme et d'en faire connaître la saveur; ils ont presque tous un goût aromatique, très-prononcé et il faut quelque temps pour s'y habituer, puis on finit par les trouver excellents; ceux auxquels on donne la préférence, sont les mangues greffées, les figues bananes ou bacôves, les pommes cythère, les pommes lianes, les goyaves, dont on fait d'excellentes confitures, les barbadines, qui s'allient parfaitement avec le Madère, les sapotilles, les cerises, les grenades, les pommes canelle, etc.; quelques autres petits fruits, tels que monbains, aouaras, pommes d'acajou, etc., ont aussi leur mérite; d'énormes ananas, dont n'approchent pas ceux d'Afrique, pour la délicatesse et la saveur, ne coûtent que 40 centimes; les oranges et les citrons se donnent plutôt qu'ils ne se vendent et sont de bien meilleure qualité que ceux que l'on trouve en France; les régimes de bananes s'étendent à environ un mètre de longueur et pèsent de 25 à 35 kilogrammes.

Nous avons néanmoins plus d'une fois regretté nos pêches, nos poires, nos pommes et nos chasselas de Fontainebleau. Aucun de nos fruits de France ne se retrouve à la Guyane et ne pourrait s'y acclimater; les melons seuls et les pastèques y viennent à merveille et ont un parfum délicieux ; le raisin n'y réussit qu'imparfaitement, à cause des variations trop fréquentes d'humidité et de sécheresse. Quant aux légumes, plusieurs s'y acclimatent, tels que les pois, la salade, les navets, les carottes, les radis, etc. Malgré cela, on n'y fait peu ou point de jardins, à cause de la chaleur, des pluies, des mauvaises herbes et de la répugnance pour le travail de la terre. Les récoltes maraîchères se font en plein champ, sans soin, sans harmonie; les fleurs n'y sont pas non plus, comme en France, l'objet d'un culte particulier; il en existe toutefois en assez grand nombre et en belle variété, mais elles restent disséminées à l'état sauvage, soit dans les champs , soit au milieu des forêts.

X.

BÉTAIL.

Nous avons dit que la viande est de mauvaise qualité; elle se vend pourtant de 90 cent. à 1 fr. 25 cent. le demi-kilog. de bœuf; cela tient à ce que, soit négligence et insouciance, soit mauvaise qualité de pâturage, l'on ne s'occupe pour ainsi dire nulle part de l'éducation du bétail; certaines habitations seulement en nourissent pour leurs besoins particuliers, mais on n'en livre que très-peu au commerce et cela à des prix exagérés qu'augmentent encore les frais de transport jusqu'à Cayenne; de sorte que les spéculateurs préfèrent aller chercher à grands frais, soit au Sénégal, soit aux îles du Cap-Vert, soit enfin au Para, des cargaisons de bétail; les bœufs après une longue traversée arrivent échauffés, malades; transplantés sous un climat et dans des pâturages auxquels ils ne sont point habitués, ils dépérissent à vue d'œil par le défaut de soins et de précautions, rongés souvent par cette vermine inévitable appelée tiques; on les abat alors au fur et à mesure qu'on prévoit leur fin prochaine; tels sont les motifs qui rendent à Cayenne la viande coûteuse et de mauvaise qualité.

Il n'y a non plus que très-peu de mules ou de mulets à Cayenne, encore viennent-ils d'Afrique; les chevaux, en très petit nombre, sont de chétive taille et très-maigres; on ne voit que fort peu de chèvres ou de moutons, qui viennent du Sénégal et ont le poil ras; le lait se vend 50 cent. la bouteille; le beurre frais se tire de France, mais pour qu'il puisse faire la traversée et supporter sans se gâter le climat tropical, on le sature tellement de safran et de sel, qu'il perd à la cuisson la moitié de son poids; aussi la patisserie est-elle rare à Cayenne, d'ailleurs le goût de rance très-prononcé que lui communique le beurre la rend détestable.

Il serait facile de remédier au manque de bétail en établissant avec ordre et méthode de bonnes ménageries bien dirigées, établies dans des localités convenables où de vastes savanes, peuvent fournir un pâturage abondant; dans les quartiers, sous le vent, par exemple, entre Kourou et Organabo, ou bien encore, dans les immenses plaines d'Ouassa, que l'on pourrait améliorer en désséchant les terrains, qui, par un excès d'humidité joint à une grande chaleur, ne produisent que des roseaux.

Jusqu'à présent, l'éducation du bétail n'a été pour ainsi dire, que l'accessoire négligé des diverses habitations susceptibles de s'y livrer; les animaux abandonnés aux soins et à la surveillance problématiques de petits négrillons ou de nègres infirmes, logés dans des parcs fangeux, exposés à toutes les intempéries de l'air, mal soignés, mal nourris, sans litière, sans précautions pour les préserver des tiques et des innombrables insectes qui leur font la guerre, souvent aussi sans défense contre les attaques et la voracité des jaguars, ils n'ont pu offrir aux habitants de la Guyane que de trop faibles ressources, pour que l'on ait songé à y attacher quel qu'importance et à en faire une branche d'industrie et de spéculation.

Cette industrie serait d'autant plus utile, qu'elle fournirait une alimentation convenable, nécessaire aux Européens, en même temps qu'elle approvisionnerait de bétail nos îles des Antilles, qui en sont également dépourvues et qui sont obligées, comme la Guyane, de se fournir des bœufs à bosse du Sénégal.

XI.

RÈGNE ANIMAL. — GIBIER. — POISSONS.

Ce qui supplée à la viande de boucherie, c'est le gibier et le poisson qu'on trouve en très grande quantité et en grande variété à la Guyane; parmi le gibier à poil, on remarque surtout le maïpuri (Tapir), de la grosseur d'un âne: il porte un museau en forme de trompe, sa chair est bonne et très nutritive; la biche, le kariacou, espèce de chevreuil dont la chair est blanche et très délicate, l'agouti, sorte de lièvre très commun et très estimé, l'acouchi, le coati, de la forme du renard, mais plus petit et de la famille des rongeurs. Le pack, le patira, espèce de petit porc sauvage, le tatou, portant cuirasse à écailles en forme de brassard. Le guana, énorme lézard de 30 à 40 centimètres de circonférence et de 2 à 3 mètres de long, dont la chair est très délicate.

Les forêts abondent aussi, en plusieurs autres espèces d'animaux qui ne servent pas à la table, mais dont on peut tirer quelques produits, tels sont entr'autres les tigres rouges, les jaguars à la robe mouchetée si recherchée pour nos tapis, le crabier, le fourmillier, le mouton paresseux, etc., etc., puis les singes de toutes sortes, depuis le tamarin et le sapajou gros comme des rats jusqu'au singe hurleur ou singe rouge, d'un mètre de hauteur; puis viennent les serpents et les couleuvres de terre et d'eau, dont la grosseur et la diversité varient à l'infini, depuis le boa constrictor et la couleuvre fer de lance, qui peuvent atteindre 1 mètre de circonférence et 6 mètres de longueur, jusqu'au petit serpent liane, gros comme la moitié du petit doigt et long de 30 à 40 centimètres; les plus dangereux sont le couocushi ou roi des buissons, le serpent à sonnette, le labaria, le serpent de guana, le capaïcu et le serpent corail.

Hâtons-nous de dire que c'est un préjugé bien erronné de croire que la rencontre d'un tigre ou d'un serpent, offre un péril inévitable. Nous avons eu souvent à parcourir les forêts de la Guyane, nous nous sommes quelques fois trouvés en présence de ces hôtes dangereux, (si l'on veut très-respectables, quand on n'est pas bien armé), mais jamais nous n'avons eu à nous plaindre de leurs procédés; les hommes sont bien souvent moins raisonnables.

Le tigre ne se nourrit en général que de gibier ou du bétail des ménageries qui sont rapprochées des bois et peu surveillées. Quelquefois un nègre imprudemment endormi en un lieu écarté, pourra être surpris et dévoré; mais s'il est sur ses gardes, s'il marche ou s'agite, l'animal passera paisiblement, à bonne distance, se contentant de lui jeter un regard de convoitise. Il n'existe, croyons-nous, à Cayenne, aucun exemple de blanc attaqué par un tigre; sa chair ne le tente pas, peut-être lui parait-elle trop fade, puis qu'elle est sans odeur; celle du nègre ayant plus de fumet, l'attire davantage.

Le serpent ne saurait tirer aucun profit de l'homme, aussi s'éloigne-t-il ordinairement à son approche et ne lui fait-il de morsure, que s'il est effrayé par lui ou tourmenté; un assez grand nombre de nègres se trouvent cependant chaque année piqués par le serpent: c'est que travaillant dans les champs de cannes à sucres, pour en arracher les mauvaises herbes, il arrive qu'ils effraient et blessent ces reptiles qui s'y cachent de préférence à tout autre endroit. Le remède doit être promptement appliqué; le plus efficace consiste à sucer la plaie avec précaution, pour en faire sortir de suite le venin, mais il n'est pas sans dangers; le plus usité, c'est l'application immédiate d'une compresse d'alcali volatil ou de jus de racine de coton, ou enfin de certaines herbes, dont quelques vieilles négresses connaissent seules le secret; mais nous le répétons, il faut se hâter, car le défaut de soins pendant une heure ou deux peut occasionner la mort. Quelques nègres se frottent tout le corps avec certaines plantes, afin d'écarter, par l'odeur particulière qu'elles répandent, les tigres et les serpents; quoiqu'il en soit de ce talisman dont nous n'avons pas fait l'épreuve, nous pensons qu'il vaut autant s'écarter soi-même, le plus possible, de ces adversaires redoutables. Cependant, à l'appui de l'efficacité du préservatif, nous dirons que nous avons été témoin d'un fait assez curieux.

Le directeur du jardin botanique de Saint-Pierre (Martinique) prit devant nous, à la course, dans les vastes dépendances de cet établissement, un serpent qui fuyait sur un rocher; il eut assez d'adresse pour le saisir avec la main au-dessous de la tête et n'en fut pas mordu; le reptile resta comme engourdi par l'effet du même talisman.

Les savanes et les forêts de la Guyane sont en outre peuplées d'un grand nombre d'oiseaux, dont la plupart sont d'un excellent manger ; ainsi l'on y trouve la bécasse, la bécassine, des sarcelles, deux sortes de perdrix, des canards sauvages, des hocos, espèce de dindons sauvages, dont la chair blanche est très-délicate, l'hamaqua qui ressemble au faisan, l'aigrette, l'aganu, la pintade, le ramier, la tourterelle, des perroquets, perruches, arras, parakwa, puis le touiouyou, le toyoyo, le jabiru, grands oiseaux de savane; sur les bords de la mer on rencontre d'immenses bandes d'alouettes dites de mer, des flamands d'un rouge écarlate.

On admire également dans nos salons, ces magnifiques collections d'oiseaux de couleur, que les immenses forêts vierges de la Guyane et du Brésil fournissent annuellement à l'exportation et parmi lesquels se font remarquer surtout les coqs de coche, les cothinga, les septicolores, le toucan, le cardinal, etc., et puis ces merveilleux petits oiseaux, à reflet métallique, étincelant, tels que le colibri, la queue-fourchue, la tête-à-feu, l'émeraude, la topaze, etc.; puis viennent ces miryades d'insectes et de papillons de toutes sortes, aux formes et aux nuances les plus variées qui bruissent et fourmillent dans ces vastes solitudes, où la nature étale sans crainte tous ses trésors. Quelques-uns de ces insectes sont venimeux, tels que l'araignée crabe, le scorpion, la fourmi rouge. Aussi est-il prudent de ne pas s'étendre sur l'herbe, comme on le fait quelquefois en France.

La mer qui baigne les plages de la Guyane, les fleuves et les rivières considérables qui la sillonnent en tous sens, abondent en poissons inconnus en Europe et dont la variété de forme, la grosseur et la qualité surpassent tout ce qu'on peut imaginer. Ainsi nous citerons tout d'abord, parmi les plus gros, le lamentin (manité) ou vache de mer, le piracoco, dont la chair ressemble à celle du bœuf; ils se rencontrent principalement dans les immenses lacs salés, qui avoisinent le para ; en se livrant sur une grande échelle à la pêche de ces énormes cétacés, on pourrait, au moyen de la salaison, en faire un commerce assez considérable avec nos colonies des Antilles. Le requin, l'espadon, et dans les rivières les caïmans, sont les hôtes les plus dangereux de ces rivages ; malheur à l'imprudent baigneur qui s'aventure dans les parages qu'ils aiment à fréquenter ; on raconte à Cayenne, qu'un chirurgien de marine, assis sur un rocher non loin de la ville et prenant un bain de pieds, eut la jambe coupée par un requin. La chair de ces monstrueux animaux est dure, huileuse et désagréable au goût ; néanmoins les nègres pécheurs qui en font capture, en mangent quelquefois faute de mieux.

Quant aux poissons de table qui approvisionnent le marché, ce sont : les machoirans jaunes et blancs, qui servent principalement à la pimentade, le mulet, la vieille, la raie, le parasis, l'acoupa, la loubine, l'ailhmara, tous d'une belle grosseur et d'une chair ferme et délicate préférable à celle du brochet, car ils sont presque sans arêtes; les gros-yeux sont une excellente friture. A une certaine saison, la tortue de mer se retire sur le sable pour y déposer ses œufs; on en prend alors une grande quantité: les œufs surtout sont un manger très-délicat. Les tortues atteignent quelquefois une grosseur considérable, et il n'est pas rare d'en trouver qui pèsent 50 ou 60 kilog. Une sorte de petite crevette, mais plus longue et plus forte que celle que l'on mange à Paris, y est également très-commune, ainsi que le homard et la langouste: ceux-ci ne coûtent, à Cayenne, que 50 ou 75 centimes. On trouve, adhérente à certains palétuviers, une petite huître verte, mais d'une qualité bien inférieure à celles d'Ostende. Enfin, dans les criques ainsi que dans les marais, on recueille une grande quantité de crabes et de chancres, que l'on ne peut mieux comparer qu'à d'énormes araignées à carapace dure et velue; sauf la répugnance qu'ils inspirent tout d'abord, on en fait des mets très-délicats.

XII.

RÈGNE VÉGÉTAL, DENRÉES D'EXPORTATION, PRODUCTIONS NATURELLES, ARBRES, PLANTES, ETC.

Après avoir donné une esquisse sommaire du règne animal à la Guyane française, disons quelques mots des richesses végétales. Rien n'approche de la fécondité de cette terre privilégiée, qui récompense largement les soins qu'on lui accorde: outre les denrées alimentaires dont nous avons déjà parlé, les produits d'exportation y sont des plus variés et des plus précieux. Ainsi, la canne à sucre y fournit les récoltes les plus satisfaisantes en qualité et en quantité; le coton est plus long, plus fin et plus soyeux que celui des Antilles; celui qui est planté en terre haute, est plus estimé; mais celui qui vient en terre basse, produit davantage. Le roçou est aussi généralement plus beau et meilleur que dans les autres parties de l'Amérique; le giroflier, importé des Moluques à Cayenne, y réussit à merveille. On cultive également le café, le cacao, le tabac, qui est de même qualité qu'au Brésil; le riz, le maïs, l'indigo, le poivre, la vanille, la casse, le gingembre, le cannellier, y croissent aussi, mais en petite quantité. Une infinité d'arbustes ou de plantes médicinales, les résines, les gommes et les huiles qu'on peut tirer de diverses graines d'arbres, forment également des richesses considérables et variées qu'il serait facile d'exploiter; ainsi, pour n'en citer que quelques-unes parmi tant d'autres qu'on pourrait découvrir, je citerai la salsepareille, le simarouba, l'ipecacuanha, le pareibrava, le baume du Pérou, la muscade, la noix de Touka, la cire végétale, la gomme copale, le caoutchouc, l'iapana, précieuse pour les infusions sudorifiques, etc., etc.

Mais ce qui excite surtout l'admiration du voyageur en présence de cette nature vierge et sauvage, rudement accidentée et représentant l'image du globe après la création, au milieu de cette végétation luxuriante, échevelée, ce sont ces arbres gigantesques, à feuilles sombres et touffues, aux formes hardiment prononcées, s'élançant follement pour retomber capricieusement en serpentant, entraînées par le poids de nombreuses lianes dont l'aspect représente les cordages d'un navire.

Parmi ces arbres dont la dureté, la force et la flexibilité offrent les plus grandes ressources, les uns peuvent servir à la marine; un mélange proportionné de bois pesant et de bois léger, donnerait aux navires l'avantage de supprimer, sinon totalement, du moins en partie le lest, et d'augmenter leur durée; les autres peuvent servir aux constructions ou à l'ébénisterie; parmi eux l'on y remarque le balata, le wacapou, le peyara, le carapa, le courbari, le grignon, le patawa, l'acajou, le moutouchi, le bois de lettres moucheté, le rubané satiné, le bois de rose, le coupi rouge et blanc, le cèdre jaune, le St.-Martin, l'ébènier rouge, noir et vert, le bois violet, le panacoco, le bagasse, le bois de sandal, l'arbre à laque. On ne paraît manquer à la Guyane que d'un bois de mâture, léger, élastique, à fibres parallèles comme en fournissent les conifères des régions tempérées et des hautes montagnes tropicales. Le Pitre, ainsi que l'agave vivipara et le palmier ita, fournissent des fibres dont les Indiens font des hamacs, des cordages et des paniers; il en est de même du maho. Les cendres de l'arbre appelé bois-canon, mêlées avec des bananes, donnent un très-bon savon; l'arbre à suif renferme une matière grasse dont on fait des chandelles; le moutouchi, amolli à coups de marteau, fait des bouchons; la moëlle des caratas sert d'amadou. Enfin, quantité d'arbres et d'arbustes, disséminés dans les forêts de la Guyane, offrent une multitude d'autres ressources.

L'exploitation de ces forêts, qui n'a été tentée jusqu'à présent que sur quelques points isolés, et dans un rayon très-peu étendu, faute de bras, présenterait de très-grands avantages. Il serait facile, au moyen de quelques chantiers bien organisés et de quelques chemins de communication, de faire parvenir ces bois jusqu'au bord des fleuves, et de là des bateaux les conduiraient jusqu'à Cayenne. Nous le répétons, avec des bras et quelques dépenses premières, on pourrait, en peu de temps, monter une vaste et productive exploitation.

XIII.

INDIENS.

En parlant des forêts vierges de la Guyane, nous ne devons pas omettre de dire quelques mots des tribus sauvages d'Indiens qui les habitent.

Cette race d'homme est primitive et pure de toute mixtion, son origine se perd dans la nuit des temps, son histoire est inconnue; fuyant la civilisation, vivant en tribus errantes et loin des autres hommes, dans les vastes solitudes de la Guyane, ils campent réunis en famille de six ou huit, tantôt dans une localité, tantôt dans une autre, n'ayant d'autres demeures que des carbets couverts en chaume, sous lesquels ils suspendent leurs hamacs qui leur servent de lit. Hommes et femmes sont en général petits, trapus ; ils ont le front déprimé, les cheveux plats et longs ; leur peau est d'un jaune cuivré, et souvent ils l'enduisent de rocou ce qui lui donne une couleur rouge et la préserve de la piqûre des maringouins. Robustes aux exercices du corps, ils ont le caractère doux et facile à l'état normal, mais violent, sanguinaire et perfide, lorsqu'ils sont animés par la boisson ou par quelques passions violentes ; habiles à tirer de l'arc et à traverser à la nage les courants les plus rapides, adroits à la pêche comme à la chasse et marcheurs infatigables, ils sont au contraire, mous, indolents et paresseux lorsque la faim ne les presse pas.

Le vêtement pour les deux sexes n'est autre chose qu'une espèce de couillou ou langouti fait aves des fils de maho, tressés en forme de petit tablier, cachant à peine les parties sexuelles; les enfants au-dessous de 12 ans marchent complétement nus; leurs visages sont tatoués de certains signes hiéroglyphiques. Les femmes, et principalement les jeunes filles, se serrent la jambe au-dessus de la cheville et au-dessous du genou de manière à faire ressortir le mollet dont la grosseur est considérée comme une beauté.

Essentiellement nomades, ces tribus ne relèvent d'aucun gouvernement, ne sont soumises à aucune autorité et jouissent de la plus entière indépendance; un vieillard, le chef de famille, a seul quelqu'ascendant sur elles; on suit ses volontés, il concilie les différends, mais aucune règle, aucune loi ne dirige leurs actions; ces Indiens se nourissent de poissons, de gibier et de quelques produits végétaux qu'ils cultivent près de leur carbet; quand la récolte est faite, et qu'ils désirent vivre ailleurs, hommes, femmes, enfants, vieillards s'embarquent pêle mêle par famille, dans de frèles-pirogues avec leurs arcs, leurs flèches, leurs hamacs, quelques animaux privés et deux ou trois pots en terre, le tout composant leur fortune; ils remontent ainsi le cours des fleuves jusqu'à ce qu'ils trouvent un endroit qui leur plaise pour s'y établir. Leur caractère est hospitalier, leurs mœurs sont simples et toute primitives; leur boisson est une liqueur faite avec le jus de certaines plantes qu'ils font macérer et fermenter; ce breuvage, qui se nomme cachiri, enivre facilement.

Ils ne suivent aucune pratique religieuse et croient à un être suprême; ils s'accouplent avec l'agrément du chef de famille, mais vivent avec plusieurs femmes; ils sont très jaloux, parlent divers idiômes étrangers à toute espèce de langues et qui ne sont pour ainsi dire que des sons inarticulés et sans suite.

Quelques usages bizarres président à leurs naissances et à leurs décès. Une mère n'est pas plutôt délivrée des douleurs de l'enfantement, qu'elle vaque à tous les soins qu'exige la nourriture de la famille, tandis que le père reste au contraire couché dans le hamac, soignant et surveillant l'enfant dont il est le protecteur le plus puissant contre les bêtes fauves, les reptiles, etc. Les Indiens n'ont point de médecin; quelques graines, le jus de quelques plantes dont la propriété leur est connue, sont administrés aux malades; si le mal persiste et augmente, si le malade reste plusieurs jours sans vouloir prendre de nourriture, la famille découragée, l'abandonne, laissant près de lui, dans le hamac, quelques aliments, après avoir allumé du feu à peu de distance, pour chasser les insectes et les animaux nuisibles; le malheureux, ainsi délaissé, meurt presque toujours faute de soins et d'un traitement convenables.

L'Administration de la Guyane, essaya, il y a quelques années, d'attirer vers nos établissements plusieurs peuplades d'Indiens Rocouyennes, retirés entre la partie sud de la Guyane et la rivière des Amazones; mais les agents expédiés dans ce but, spéculèrent sur la crédulité de ces hommes et les trompèrent en échangeant, pour quelques articles de peu de valeur, les produits de leur culture et différents objets ee curiosité; d'un autre côté, animés d'un esprit de rivalité et désireux de l'emporter l'un sur l'autre dans le succès de la négociation, ils se nuisirent dans l'esprit des Indiens, par leurs manœuvres, leur excès d'empressement, et ils furent obligés de revenir à Cayenne, sans avoir pu déterminer aucune peuplade à les suivre. Du reste, l'amour d'une indépendance absolue, l'apathie et l'insouciance de ces tribus seront toujours un obstacle insurmontable à leur civilisation; les institutions sociales, l'industrie, le commerce, l'instruction, les jouissances intellectuelles, n'ont pour elles aucun attrait; elles n'éprouvent que les seuls besoins de la nature, et leur existence est pour ainsi dire en tout semblable à celle des animaux sauvages parmi lesquels elles vivent.

Quelques-unes, les moins éloignées de nos établissements, y descendent par fois, mais elles y font un court séjour, peu séduites qu'elles sont par le travail obligatoire auquel on voudrait les habituer; elles n'emportent avec elles que ce que nos mœurs et nos coutumes ont de plus mauvais; ainsi, l'usage des liqueurs fortes, le tabac et le jeu ne les trouvent point insensibles; la ruse et la duplicité avec lesquels on agit quelquefois envers elles, gagnent insensiblement leur caractère et vicient leurs habitudes; les femmes de leurs côté prennent goût à nos étoffes, à nos bijoux et se laissent facilement aller à la coquetterie, souvent même à la galanterie avec les hommes civilisés. Une différence très notable distingue donc les tribus qui fréquentent le pays habité de la Guyane, de celles qui restent dans les solitudes les plus éloignées et cela à l'avantage de ces dernières; nous avons pu nous-même l'apprécier dans une excursion à l'intérieur où le hasard nous fit rencontrer une de ces tribus à l'état le plus sauvage.

Etant allé avec quelques fonctionnaires

visiter l'établissement de Mana, situé à l'extrémité sud de la Guyane, nous profitâmes de cette excursion pour en faire une autre plus lointaine encore, dans l'intérieur des immenses forêts qui encaissent le fleuve de cette localité.

Une embarcation du bateau à vapeur, montée par six matelots bien pourvus de munitions de guerre et de bouche, et un canot de l'établissement, nous servirent de moyens de transport. Partis de Mana vers une heure de l'après-midi, nous voyageâmes sur l'eau pendant toute la nuit, à la lueur de torches en bois résineux et au milieu du plus profond silence, qu'interrompaient seuls les chants monotones et cadencés des Nègres qui pagayaient, et auxquels répondaient, par intervalles, le rugissement du tigre et les cris rauques des singes hurleurs. Le lendemain, après quelques étappes sur les rives boisées du fleuve pour donner quelque repos à nos hommes et nous restaurer, nous aperçumes, vers deux heures de l'après-midi, une fumée assez épaisse s'élever au-dessus des arbres, à peu de distance du fleuve : c'était un carbet d'Indiens, but et objet de notre voyage. Ayant mis pied à terre, et ne laissant dans nos embarcations que le nombre de matelots nécessaire à leur garde, nous découvrîmes bientôt un petit sentier à peine frayé qui, s'enfonçant dans le bois, nous conduisit près de la tribu. Aussitôt que nous fûmes aperçus, hommes, femmes, enfants, saisis d'effroi, prirent la fuite, et ce fut pour nous un signe certain qu'ils n'avaient point encore vu de blancs. Quelques vieillards, quelques femmes et de tous jeunes enfants, étaient restés dans leurs hamacs. Nous témoignâmes, par notre attitude, de nos intentions pacifiques ; nous fîmes étendre sous le carbet quelques provisions et, assis autour de cette table improvisée, à la manière des Chinois, nous dînâmes d'aussi bon appétit que dans les salons du Gouverneur. Ce calme, cette apparente indifférence de notre part, eurent le succès le plus complet : ceux qui avaient fui tout d'abord, se rapprochèrent insensiblement; quelques objets de quincaillerie que nous leur jetâmes et desquels ils s'emparèrent avec la plus curieuse vivacité, les rassurèrent sur nos dispositions; ils s'enhardirent bientôt jusqu'à venir tout près de nous, regarder d'un air ébahi ce que nous mangions, et toucher même, avec surprise, nos vêtements, nos armes, etc. Quelques verres de Champagne et de liqueurs qu'ils trouvèrent tout-à-fait à leur goût, nous les rendirent des plus favorables; ils exprimèrent leur contentement et leur joie par les gestes les plus expressifs, par des gambades et des cris inarticulés. Un employé de l'établissement de Mana, qui avait coutume de converser avec quelques Indiens fréquentant parfois cet établissement, voulut entamer la conversation avec ceux-ci; mais, chacun d'eux de rire et de regarder sans répondre: ce n'était plus le même langage. La race de ces Indiens était inconnue à notre cicerone; nous dûmes donc nous contenter de nous entretenir avec eux par gestes; plusieurs matelots s'en étant permis d'un peu trop expressifs à l'encontre de quelques jeunes Indiennes, qui du reste ne s'en formalisaient pas, nous fûmes obligés de les rappeler à la réserve, en voyant quelques visages d'Indiens s'assombrir et devenir menaçants. Nous avions apporté des menus objets de verroterie, de mercerie, etc.; et nous fîmes de nombreux échanges : ils nous donnèrent des hamacs en pitre, en maho, artistement tressés par eux ; des arcs, des flèches, des perroquets, des singes, ainsi qu'un petit instrument de musique fort curieux. Nous nous séparâmes ensuite très-satisfaits les uns des autres, et nous nous embarquâmes accompagnés par plusieurs Indiens et Indiennes qui, pour nous voir plus longtemps, nous escortèrent à la nage jusqu'à une assez grande distance.

XIV.

L'ACCAROUANY. — LES LÉPREUX.

L'Accarouany est une rivière qui se jette dans celle de Mana, et qui a donné son nom à la localité où se trouve l'établissement des lépreux.

Cet établissement est situé sur le versant d'une colline isolée au milieu des forêts; il se compose de la maison du directeur, du logement des sœurs, d'une chapelle et d'un certain nombre de petites cahuttes en chaume comprenant pour tout logement, un espace de huit pieds carrés, ni planchéié ni plafonné; le mobilier se compose de quelques nattes, d'une table, de vieilles chaises, d'une paillasse, et de quelques lambeaux de linge jetés sur une espèce de lit en bois.

Chacune de ces cahuttes est habitée par un Nègre lépreux ou atteint d'éléphantiasis (mal rouge des anciens). Quel hideux spectacle que de voir ces êtres informes, hommes et femmes, rendus boiteux, manchots, culs-de-jatte, par la lèpre, l'énorme chancre rongeur et incurable qui chaque jour envahit davantage ces débris humains, au point de leur ôter toute figure humaine et d'en faire des tronçons méconnaissables!

Ces malheureuses victimes, abandonnées de leurs semblables, traînent ainsi dans ce charnier vivant, une existence vouée à toutes les douleurs jusqu'au jour où la mort les délivre de leur horrible fardeau. Un officier de santé ainsi qu'un prêtre de Mana, viennent deux fois par semaine, donner des soins et des consolations à ces infortunés.

XV.

POSSIBILITÉ D'UNE COLONISATION AVANTAGEUSE A LA GUYANE FRANÇAISE.

Dans la prévision de l'abolition de l'esclavage, qui depuis plusieurs années paraissait devoir apporter la ruine de la culture aux colonies, et pour remédier d'ailleurs à l'insuffisance de la population noire, dont la décroissance, dans nos possessions d'outre mer suivait une marche inquiétante depuis la loi de 1833, prohibitive de la traite, on avait souvent agité la question de savoir s'il y avait possibilité de substituer le travail européen au travail des nègres : question délicate, à laquelle il était difficile de donner une solution satisfaisante, par suite de l'insuccès fâcheux de quelques essais de colonisation et des préventions de quelques influences coloniales, opposées à toutes innovations de nature à modifier l'ancien état de choses. Mais aujourd'hui que l'émancipation des noirs, tout en donnant satisfaction aux principes philantropiques, laisse néanmoins entrevoir, dans un avenir prochain, non seulement l'amoindrissement mais encore la décadence et la ruine de la culture, notamment à la Guyane, par suite de la facilité que les noirs y trouvent de se suffire à eux-mêmes, n'est-il pas opportun et prudent d'examiner plus sérieusement la possibilité de coloniser ces immenses terrains qui n'attendent que des bras pour être fécondés, et procurer à peu de frais des moyens d'existence et de bien-être. à une foule d'individus qui se plaignent d'en être privés.

Nous croyons avoir suffisamment montré quelle est la salubrité de ce pays, les moyens de s'y acclimater et d'y vivre en bonne santé; nous avons fait connaître aussi la fertilité, pour ainsi dire magique, de la Guyane, les ressources considérables qu'elle offre en tout genre, il ne reste plus qu'à indiquer les moyens qui nous semblent les plus sûrs et les plus avantageux d'y fonder une nouvelle colonisation, qui, en même temps qu'elle débarasserait la métropole, des éléments de trouble et de désordre, dont elle est sans cesse agitée, fournirait à un grand nombre de malheureux la possibilité de se créer un avenir assuré, pour eux et leurs enfants.

Depuis la conquête de l'Algérie, combien de millions n'ont pas été dépensés, pour parvenir à des colonisations, dont le résultat est loin d'être aussi satisfaisant qu'on aurait pu l'espérer tout d'abord ?

Nous ne chercherons pas ici à analyser

les diverses causes qui peuvent paralyser une aussi louable entreprise ; il en est trois principales qui nous paraissent préjudiciables à toute tentative de ce genre qu'on pourrait essayer ; 1° difficulté à établir des moyens de communication et de transport faciles et sûrs, entre le chef-lieu et les divers établissements agricoles ; 2° peu de salubrité, résultant des fréquentes variations de température, et peu de fertilité du sol dans diverses localités ; 3° peu de sécurité et de stabilité, provenant des soulèvements et des luttes permanentes, dont notre domination est continuellement l'objet en Algérie.

Ces diverses causes d'insuccès n'existent point à la Guyane ; sécurité, fertilité, salubrité, tout vient concourir à faire de cette partie du globe qui est en notre possession, une vaste et splendide succursale de la mère patrie ; il suffit de bien reconnaître les causes qui ont fait échouer les divers essais de colonisation et d'en éviter le retour ; le sol, la nature et la Providence, sont là qui attendent ; pour réaliser ou plutôt pour accepter leurs promesses, il ne faut plus que choisir les hommes et les moyens.

Il faudrait tout d'abord mettre à la tête de la nouvelle colonisation de la Guyane des hommes intelligents et probes, connaissant parfaitement le pays, acclimatés, expérimentés par un assez long séjour dans cette contrée; on pourrait faire un choix convenable parmi les anciens habitants propriétaires, dont les établissements riches et prospères autrefois, sont aujourd'hui pour ainsi dire abandonnés, par suite de l'affranchissement; les agents secondaires pourraient être pris parmi ceux des anciens économes ou régisseurs, offrant des garanties suffisantes de capacité et de moralité.

Le décret du 8 décembre dernier, en purgeant la France d'un certain nombre de repris de justice, principaux éléments de trouble et de désordre, n'est sans doute pas une tentative de colonisation telle qu'on pourrait l'établir utilement, puisque ramassant au hasard et sans choix, sur le pavé des grandes villes, et dans un but de sécurité publique, des hommes voués à la paresse, à la débauche et à tous les instincts vicieux, cette mesure ne saurait donner à quelque pays et à quelqu'entreprise que ce soit, des garanties de travail, d'ordre et de prospérité; néanmoins, et sans vouloir préjuger le but et l'objet des établissements pénitentiaires qui doivent les renfermer, ni les vues du gouvernement à leur égard, nous pensons qu'il serait possible, soit dès le commencement de la transportation, soit par la suite, d'utiliser ces établissements dans un but d'essai de colonisation.

D'un autre côté, ne serait-il pas convenable d'étendre les dispositions du décret aux vagabonds en état de récidive, et d'appeler en outre à faire partie de cette colonisation, mais par catégorie séparée, les orphelins que l'Etat élève dans les hôpitaux ainsi que tous les malheureux qui, ne trouvant pas dans la mère patrie d'issue à leur misère ou à leur position fâcheuse, consentiraient à se créer, par le travail et la conduite, une existence facile qui, plus tard, se changerait en prospérité. Je ne parlerai pas des transportés politiques : j'ignore quelle mesure sera prise à leur égard, et à quelles conditions ils seront soumis ; quoiqu'il en soit, ne pourraient-ils pas être également utilisés à un établissement de colonisation distinct et séparé ?

Il va sans dire que ces divers établissements seraient dirigés, surveillés et administrés par des agents du Gouvernement. Une organisation d'agents hiérarchiques comprendrait l'administration intérieure, les opérations, c'est-à-dire les travaux, la comptabilité, le régime religieux et disciplinaire; un poste militaire serait affecté à la surveillance de ces établissements ; le plus grand soin devrait présider au choix des diverses localités appropriées à l'exploitation de chaque genre d'industrie que comporte la Guyane. Le quartier d'Approuagen et l'île de Cayenne conviendraient, par exemple, à l'établissement de sucreries centrales; les quartiers sous le vent comprenant Macouria, Kourou, Sinnamary, Iracoubo, offriraient les plus grandes ressources pour de vastes ménageries destinées à alimenter la Guyane et nos Colonies des Antilles dépourvues de bétail.

Les forêts qui longent la rivière de Gabaret près du Ouanari, celles d'Oyac et de la Comté, celles de Mana, etc., offrent à l'exploitation des bois d'inépuisables richesses pour les constructions, la marine, l'ébénisterie; on pourrait entreprendre aussi la culture du coton, du rocou, du girofle, etc., et rechercher enfin s'il ne serait pas utile d'exploiter quelques-unes des mines qui se révèlent à la surface des terrains où paraissent se cacher des métaux précieux. Une portion du personnel de chaque établissement se livrerait à la culture des vivres nécessaires à sa consommation, ou bien encore une habitation spéciale serait affectée à cette culture pour les besoins généraux.

Un bateau à vapeur de l'Etat serait employé au transport de tous les objets nécessaires aux diverses exploitations, ainsi qu'au transport de leurs produits annuels.

Quant à la composition des divers chantiers de colonisations, il serait important avant tout de choisir des hommes qui, par leurs professions, leurs antécédents, seraient les plus propres à chaque genre d'exploitation; il serait nécessaire de les soumettre dans le commencement, au repos, à un régime hygiénique et à une alimentation convenable pour réparer les fatigues d'une longue traversée, et faciliter leur acclimatement; un médecin ou officier de santé ayant à sa disposition une petite pharmacie contenant les médicaments les plus usités, un prêtre et quelques sœurs de Saint-Paul devraient être attachées à chacun des établissements; la nourriture européenne continuée pendant plusieurs mois, quelques rations de vin, la privation complète de liqueurs fortes, la propreté, la tempérance, un travail modéré et soutenu aux heures où le soleil ne darde pas ses rayons les plus ardents, c'est-à-dire de six heures du matin jusqu'à dix, et de quatre heures à sept, telles seraient les précautions qui assureraient la santé et la prospérité aux nouvelles colonisations ; elles permettraient aussi de réaliser après quelques années des bénéfices suffisants pour couvrir les dépenses occasionnées par la mise en œuvre, et constituer en outre un fonds de réserve destiné aux allocations qu'il serait possible d'accorder à ceux qui, ayant bien mérité par leur travail, leur bonne conduite et leur aptitude, pourraient être autorisés à s'établir dans la colonie et à y fonder pour leur propre compte, au moyen de concessions, de petites habitations particulières.

Il y a déjà plusieurs années que l'idée a été émise de faire à la Guyanne quelques essais de colonisation au moyen d'établissements pénitentiaires. Jean-Baptiste Leblond, médecin, naturaliste, correspondant de l'Académie des sciences et de l'Institut, qui, pendant dix-huit ans a séjourné à la Guyane, s'exprimait ainsi dans l'intéressant ouvrage qu'il a publié en 1814 :

« Lorque l'on considère que les nouveaux
« colons ne seraient soumis qu'à l'obligation
« assez douce de vivre dans un climat qui
« jouit d'un printemps perpétuel, où tous les
« besoins et même les agréments de la vie
« sont le prix d'un travail simple et peu
« pénible, il est permis de croire, qu'atta-
« chés à leur nouvelle patrie par leurs fem-
« mes et leurs enfants, rendus aux vertus
« sociales et aux mœurs, devenus enfin pai-
« sibles par la seule influence du climat, et
« ne voyant plus autour d'eux que des égaux,
« ces hommes perdraient. bien vite avec leurs
« anciennes et criminelles habitudes, le dé-
« sir de revoir la France, qu'ils auraient
« d'ailleurs peu de motifs de regretter.

La possibilité du travail européen aux Colonies, déniée par quelques contradicteurs, ne saurait être réfutée dans les conditions que nous avons indiquées: de nombreux exemples viennent l'attester, nous n'en rapporterons que quelques uns cités par des voyageurs.

En 18..., on a fait faire par des soldats

blancs, la grande promenade de Saint-Pierre, de la Martinique; ils travaillaient depuis six heures du matin jusqu'à neuf heures et reprenaient le travail à trois heures; ils ont très-bien résisté à ce travail, qui était pénible et qui a duré longtemps.

En 1815 et 1816, sous le gouvernement de M. de Vaugirard, dix-huit soldats par compagnie, ou trois cent vingt-quatre soldats du régiment de la Martinique, étaient chaque jour employés à divers travaux des plus fatiguants, tels que remuements de terre, extractions de pierres, etc.; ces soldats n'étaient pas malades.

En 1821, des soldats blancs, à la Martinique, travaillèrent à la route qui conduit de Belle-Vue à la ville et firent des tranchées, réservoirs, etc., destinés à conduire les eaux du Fort-Royal ; le gouverneur les employait de préférence à des noirs, parce qu'ils travaillaient plus vite et beaucoup mieux, et qu'ils n'étaient pas malades.

Ce sont des soldats du bataillon d'Alsace, des matelots de l'état, qui à la Guyane, ont abattu et défriché une grande étendue des palétuviens des terres basses de Macouria et du Petit-Cayenne. Les habitants les préféraient pour ce travail à des nègres, parce qu'ils allaient plus vite et résistaient mieux que ceux-ci.

A la Guyane, sur les côtes, quelques hommes blancs originaires d'Europe, leurs femmes et leurs enfants, cultivent sans difficulté, le rocou, le cacao, le coton, le giroflier, le caféier et le tabac; quelques uns ont élevé du bétail avec succès. On cite entr'autres, comme ayant prospéré, le sieur Rochereau, à Kourou, le sieur Pomme, dans les Savanes d'Ouassa, et encore aujourd'hui, le sieur Jollivet, qui n'ayant eu en sa possession, dans le principe, que quelques têtes de bétail, en possède aujourd'hui 140 dans les plaines d'Organabo.

Pendant une exploration qui a été faite sur les bords de la Mana, des matelots du brick *l'Isère* ont abattu et scié des acajous, et personne n'en a souffert.

En 1821, des soldats du bataillon de la

Guyane ont passé avec l'administration un marché pour lui fournir des pierres ; ils en ont fait l'extraction au bord de la mer, près de la Savane de la ville, travaillant tout l'été et même à toutes les heures du jour, et leur santé n'a point été altérée.

Deux années auparavant, des soldats avaient également travaillé sous les ordres de M. Prus, ingénieur des ponts et chaussés, à la réparation du quai de Cayenne, et cela pendant les plus fortes chaleurs, sans qu'il en soit résulté pour eux aucun accident fâcheux.

On a vu des soldats attachés comme charretiers à la direction d'artillerie de Cayenne, travailler matin et soir a transporter sur divers points des matériaux de toutes espèces ; d'autres employés comme chaufourniers faisaient cuire des madrépores qu'ils étaient obligés de transporter à bras depuis le magasin général jusqu'au pavillon Hugues, près duquel se trouve le four à chaux, et cependant aucun de ces hommes n'en a été incommodé.

Pendant le séjour de M. Laboria, capitaine d'artillerie de Marine, de 1838 à 1843, son détachement a constamment travaillé aux ouvrages qu'impliquent les armes de l'artillerie et du génie; les mineurs et les terrassiers commençaient la journée à six heures au lever du soleil, et la terminaient à quatre heures du soir; les travaux s'exécutaient en plein soleil et ils n'ont pas occasionné une seule maladie pendant les trois années qu'ils ont duré.

Dans une lettre écrite par M. le contre-amiral Jacob, gouverneur de la Guadeloupe en 1823, on lit ce qui suit:

« En général, on peut remarquer que
« les militaires qui obtiennent des permis-
« sions de se louer pour le labourage ou
« d'autres travaux sont les sujets qui
« jouissent de la meilleure santé et dont la
« tenue est la plus satisfaisante.

M. Félix Couy, vice-président du conseil colonial de la Guyane et M. Boudeau, commissaire, commandant du quartier d'Oyapock furent appelés par la commission de colonisation de la Guyane pour lui donner sur cette colonie les renseignements que leur expérience les avait mis dans le cas d'acquérir ; à la séance du 11 mars 1842, M. Couy, lut devant la commission un mémoire auquel M. Boudeau déclare adhérer complètement ; en voici un passage :

« Je n'émets aucun doute sur la réussite « des nouveaux travailleurs de quelque « couleur qu'ils soient. Déjà sous Malouet « lorsque Guizan commença ses premiers « défrichements dans les terres d'alluvion, « ce furent des grenadiers qui au moyen « d'une légère rétribution abattirent dans « les vases les premiers palétuviers de l'ha- « bitation Grossou et des autres établisse- » ments de Macouria.

« A la ville, chaque compagnie du ba- « taillon fournit huit travailleurs. Ne « voyons-nous pas la majeure partie de « ces soldats blancs travailler à l'ardeur « du soleil et faire chaque jour des mètres « cubes de roches de grison.

« A Approuague, lorsque j'ai établi le

« bourg qui existe aujourd'hui, le poste
« militaire se composait de dix blancs et de
« huit Joloffs (*). Ces soldats entretenaient
« les fossés d'écoulement, les chemins, et
« cultivaient dix-huit ares de bananniers ;
« ils travaillaient d'après l'ordre du gouver-
« neur de 6 heures du matin à dix heures
« et de 2 heures à 6. Plusieurs sont res-
« tés un an, et je ne me suis pas trouvé
« dans le cas d'envoyer aucun d'eux à l'hô-
« pital de Cayenne.

« A l'établissement de Mana, nous sa-
« vons que Madame Javouhey fait travail-
« ler à la culture concurremment avec ses
« négresses, ses sœurs converses au nom-
« bre d'une vingtaine qu'elle a toutes ame-
« nées de France. Je n'ai pas entendu par-
« ler qu'elle ait eu a déplorer la perte d'une
« seule d'entr'elles.—Les paysans du Jura,
« conduits par le commandant Gerbert,
« n'ont-ils pas parfaitement réussi pendant

(*) Nègres africains dont on a formé une compagnie à Cayenne.

« tout le temps de la présence de cet officier au milieu d'eux.

« Nos régisseurs, dont le travail de surveillance de courses et d'activité est de « tous les instants pendant les 24 heures « du jour, et bien autrement pénible que « celui des noirs, résistent néanmoins à ces « fatigues malgré les excès de tout genre « auxquels ils se livrent le plus souvent sans « aucun frein. (Procès-verbal des séances.)

A une demande qui lui fut adressée par un membre de la commission de colonisation de la Guyane française, sur les précautions hygiéniques auxquelles étaient soumis les soldats qu'on employait dans les habitations, sur la durée et la nature du travail, M. Favard, (délégué ou représentant officiel de la Guyane) répondit que pour lui il leur faisait abattre des arbres et défricher le terrain, opération aussi pénible que celle de la culture proprement dite, qu'il avait soin de les faire reposer pendant les heures les plus chaudes, et de leur distribuer des boissons rafraîchissantes pendant le jour ;

que leur nourriture en outre était bonne et substantielle, et que, moyennant ce régime, il en obtint un bon service, sans que jamais il ait renvoyé un malade. Il leur payait de 2 à 3 francs par jour : dans quelques habitations ils étaient occupés à scier du bois, à équarrir des troncs d'arbres, à confectionner des planches, travaux encore très-fatiguants et qui s'exécutaient au soleil. Ceux qu'on occupait dans la ville, cassaient le granit particulièrement nécessaire aux constructions des établissements publics. Il est vrai que l'on n'en a jamais employé à la culture même de la terre. Mais encore une fois, comme elle n'est pas plus pénible que les ouvrages auxquels ils étaient occupés, on peut légitimement conclure à la possibilité de les y appliquer avec un égal succès.

Nous terminerons cet aperçu sur les avantages d'une nouvelle colonisation à la Guyane française, en faisant observer que pour mieux les assurer il serait utile de reviser la loi sur les sucres, ainsi que sur les divers tarifs de douane relatifs aux importations des denrées coloniales, afin de donner aux produits de nos Colonies une plus grande extension; on rendrait en même temps leur écoulement plus facile et plus avantageux, et de la sorte l'on réparerait autant que possible les pertes et l'amoindrissement qu'a subis la Guyane française, surtout par suite de l'émancipation des esclaves.

TABLE DES MATIÈRES.

Metz, typographie de Ch. DIEU et V. MALINE.

www.ingramcontent.com/pod-product-compliance
Ingram Content Group UK Ltd.
Pitfield, Milton Keynes, MK11 3LW, UK
UKHW020153200726
13856UKWH00003B/978

9 782013 364621